BEI GRIN MACHT SICH WISSEN BEZAHLT

- Wir veröffentlichen Ihre Hausarbeit, Bachelor- und Masterarbeit

- Ihr eigenes eBook und Buch - weltweit in allen wichtigen Shops

- Verdienen Sie an jedem Verkauf

Jetzt bei www.GRIN.com hochladen und kostenlos publizieren

Bibliografische Information der Deutschen Nationalbibliothek:

Die Deutsche Bibliothek verzeichnet diese Publikation in der Deutschen National-
bibliografie; detaillierte bibliografische Daten sind im Internet über http://dnb.d-
nb.de/ abrufbar.

Dieses Werk sowie alle darin enthaltenen einzelnen Beiträge und Abbildungen
sind urheberrechtlich geschützt. Jede Verwertung, die nicht ausdrücklich vom
Urheberrechtsschutz zugelassen ist, bedarf der vorherigen Zustimmung des Verla-
ges. Das gilt insbesondere für Vervielfältigungen, Bearbeitungen, Übersetzungen,
Mikroverfilmungen, Auswertungen durch Datenbanken und für die Einspeicherung
und Verarbeitung in elektronische Systeme. Alle Rechte, auch die des auszugsweisen
Nachdrucks, der fotomechanischen Wiedergabe (einschließlich Mikrokopie) sowie
der Auswertung durch Datenbanken oder ähnliche Einrichtungen, vorbehalten.

Impressum:

Copyright © 2014 GRIN Verlag
Druck und Bindung: Books on Demand GmbH, Norderstedt Germany
ISBN: 9783668625419

Dieses Buch bei GRIN:

https://www.grin.com/document/388082

Frieda-Magdalena Bialik

"My Daily Routine". Planung und Ausarbeitung eines
Tagesrhythmus durch die Nutzung eigener erlernter
Methodenkompetenz

GRIN Verlag

GRIN - Your knowledge has value

Der GRIN Verlag publiziert seit 1998 wissenschaftliche Arbeiten von Studenten, Hochschullehrern und anderen Akademikern als eBook und gedrucktes Buch. Die Verlagswebsite www.grin.com ist die ideale Plattform zur Veröffentlichung von Hausarbeiten, Abschlussarbeiten, wissenschaftlichen Aufsätzen, Dissertationen und Fachbüchern.

Besuchen Sie uns im Internet:

http://www.grin.com/

http://www.facebook.com/grincom

http://www.twitter.com/grin_com

Inhaltsverzeichnis

1. Bedingungsfeldanalyse

1.1 Schulsituation

Die staatliche Mustermann-Schule ist eine der ältesten Mittelschule in L. und kann auf eine mehr als 200-jährige Geschichte zurückblicken. Sie befindet sich im L.er Stadtteil Zentrum-Südost. Im Jahr 2000 fusionierte die Schule im Rahmen einer erforderlichen neuen Schulnetzplanung in L. mit der Musterfrau-Mittelschule, deren Schülerschaft und ein Großteil des Kollegiums aufgenommen wurden. Die Schule steht seit 2011 unter der Leitung von Herr A. (Schulleiter) und Frau B. (stellvertretender Schulleiterin), die des Weiteren auch als Lehrkraft in der Schule tätig sind.

Die Schule ermöglicht ein weit gefächertes Bildungsangebot, das zur Ausprägung individueller Interessen, Begabungen und Neigungen unterschiedlichster Schüler dient. So müssen die Schüler sich ab der Klassenstufen 7 u.a. neben den obligatorischen Fächern Wirtschaft, Technik, Haushalt/Soziales für einen zusätzlichen Neigungskurs entscheiden. Angeboten werden sowohl *Gesundheit und Sport* als auch *Naturwissenschaft und Technik*. Der Neigungskurs wird in jedem Schuljahr gewechselt, es sei denn, der Schüler entscheidet sich für den vierjährigen Fremdsprachenkurs. Als Mittelschule des Deutsch-Französischen-Bildungszentrum wird an der Mustermann-Schule Französisch angeboten.

Das Einzugsgebiet der Schule erstreckt sich auf Grund dieser Vielfalt nicht allein auf den Stadtteil Zentrum-Südost, sondern auch auf weiter entfernte Stadtviertel, wie etwa Möckern oder Markleeberg. Sogar Schüler aus anderen Städten und Gemeinden des Landkreises L. akzeptieren einen längeren sowie zeitaufwendigeren Schulweg, um die Vorzüge des gegebenen Schulangebots wahrzunehmen. Allein in diesem Schuljahr sind an der Mustermann-Schule insgesamt 265 Schüler, davon 149 Jungen und 116 Mädchen, angemeldet. Die Schülerschaft ist auf 12 Klassen verteilt. Die durchschnittliche Schülerzahl pro Klasse beträgt 22 Schüler. Jede Klasse besitzt einen Klassenraum. Für den fremdsprachlichen Bereich stehen keine Fachräume zur Verfügung, so dass eine Dekoration mit landestypischen Karten und Bilder nur geringfügig möglich ist. Alle Klassenräume verfügen jedoch über eine Grundausstattung mit Overhead-Projektor und Tafel. Die Schülerschaft wird von 17 Lehrerinnen und 7 Lehrern unterrichtet, wobei 3 ihre Lehrtätigkeit im Fach Englisch ausüben. Außerdem wird die pädagogische Arbeit durch eine Sozialarbeiterin unterstützt.

Daneben bietet die Schule ein umfangreiches Ganztagsangebot an, welches sportliche Aktivitäten, Gitarrenunterricht, Theaterspiel und auch besonderen Förderunterricht in den

Hauptfächern einschließt. Die Schüler haben die Möglichkeit, ihr Mittagessen in der Schule einzunehmen.

Das Grundprinzip der Schule, eine gelungene Zusammenarbeit der Schüler- und Lehrerschaft, wird durch die in der Hausordnung formulierten Prinzipien *„Respekt, gegenseitige Achtung, Disziplin und Höflichkeit"* festgehalten. Das Schulprogramm steht unter dem Motto *„Lernen ist wie Rudern gegen den Strom. Hört man damit auf, treibt man zurück".*

1.2. Klassensituation

Die Klasse 5b besteht aus 27 Schülern (15 Mädchen und 12 Jungen). Ein Schüler ist erst im Verlauf des Schuljahres nach L. gezogen und besucht die Klasse seit Anfang des zweiten Schuljahres. Er hat sich jedoch schnell und ohne Schwierigkeiten in die Klassengemeinschaft integriert. Mehrere Schüler sind ausländischer Nationalität, wobei keiner Schwierigkeiten mit der deutschen Sprache aufweist.

Das Leistungsniveau der Klasse ist sehr heterogen. Nur einige wenige Schüler können sowohl mit einem ausreichenden schulischen (Vor-)Wissen als auch u.a. mit ausreichenden Lernvoraussetzungen aufwarten. Des Weiteren ist die Leistungsbereitschaft der Klasse sehr gering. Das Erledigen von Haussaufgaben und eigenständiges Lernen neuer Stoffgebiete wird nur selten vorgenommen. Die Arbeit mit einem Partner oder in der Gruppe ist bekannt. Letzteres kann aber auch mit detaillierten Angaben der Lehrkraft nur mit großen Schwierigkeiten und kaum zielführend durchgeführt werden. Die Schüler sind nicht dafür sensibilisiert, sich gegenseitig zu unterstützen.

Es gibt in der Klasse weiterhin einen Fall von diagnostizierter LRS sowie die Vermutung, dass eine Schülerin ADHS hat. Ein weiterer Schüler ist graphomotorisch verlangsamt und eine Schülerin hat eine Störung der Kooperation von Kurzzeit- und Langzeitgedächtnis, sodass es ihr schwer fällt, sich Dinge zu merken.

Die Klasse verwendet das Buch *English G21* Ausgabe *D1* des Cornelsen Verlags und die Schüler besitzen auch das dazugehörige Workbook, allerdings sind sie das lehrwerksunabhängige Arbeiten von ihrer Lehrkraft gewohnt. Auch kennen sie den Umgang mit einem Fremdsprachenportfolio und das Unterrichtsprinzip der Einsprachigkeit.

1.3. Voraussetzungen auf Seiten der Lehrenden

Seit dem Wintersemester 2009/10 bin ich Lehramtsstudentin an der Universität L.. Ich strebe das gymnasiale Lehramt für die Fächer Englisch und Gemeinschaftskunde/Recht an. Des Weiteren studiere ich im Zuge eines Doppelstudiums den Bachelorstudiengang „Deutsch als Fremdsprache" seit dem Wintersemester 2011/12.

Diesem Unterrichtspraktikum ging eine Hospitationsphase mit einzelnen Unterrichtsversuchen im vorletzten Wintersemester voraus. Neben den zwei Unterrichtsstunden, die ich im Rahmen der SPS absolviert habe, war ich ebenfalls in zwei Stunden, in denen ich als Co-Planer fungierte, in das Unterrichtsgeschehen involviert. Daher sind mir die Schüler der Klasse und ihr Leistungsstand gut vertraut.

Weitere Erfahrung in der Vermittlung der englischen Sprache konnte und kann ich in meiner Arbeit mit Schülern unterschiedlicher Altersstufen sowohl als Lehrer eines bekannten Nachhilfeanbieters, als auch als Aushilfslehrer der L. International School gewinnen. Des Weiteren habe ich während einer Lehrtätigkeit für das Deutsche „Youth for Understanding" Komitee Erfahrungen sammeln können in einem ausschließlich englischsprachigen Lernumfeld. Als Orientierungslehrer brachte ich Schülern verschiedener Nationalitäten die Geflogenheiten der Deutschen bei.

Außerdem erhielt ich im Rahmen meiner SPS III im Fach Gemeinschaftskunde/ Recht in einer 11. Klasse des Rudolf-Hildebrandt-Gymnasiums in Markleeberg weitere praktische Unterrichtserfahrungen.

Ich habe vor meinem Studium ein Jahr in englischsprachigen Ländern verbracht und strebe für das Wintersemester 2012/13 ein Erasmus Semester an der Universität in Leeds an.

Ich bin ein visuell-auditiver Lerner und fokussiere stark den intrapersonellen Bereich. Ich kann sehr gut meine Ergebnisse im Lern- und Lehrverhalten reflektieren. Mir ist bewusst, dass ich als Lehrkraft, insbesondere in einer Klasse in der die Konzentrationsfähigkeit gering und der Bewegungsdrang groß ist, den Lernprozess ganzheitlich gestalten muss.

2. Begründung des Unterrichtsgegenstands

Im sächsischen Lehrplan für das Fach Englisch an Mittelschulen sind für die Klassenstufe 5/6 die obligatorische Lernbereich *„Education and work"* sowie *„Healthy life"* formuliert[1]. In beiden Lernbereichen wird angegeben, dass die Schüler dazu befähigt werden sollen, sprachliche Mittel zur Wiedergabe des eigenen Tagesablaufs anwenden zu können. Die unterschiedlichen Schwerpunkte der einzelnen Lernbereiche (Schulalltag sowie sportliche Betätigung und Ernährung) lassen sich dabei gut in der Auseinandersetzung mit der täglichen Routine eines jeden Schülers bewältigen.[2] Des Weiteren knüpft der Lerngegenstand auch an die obligatorischen und den Schülern größtenteils bekannten Lernbereiche *„My world"* sowie *„Hobbies and leisure"* an[3].

Durch die Progression des Lehrwerkes lernen die Schüler in *Unit 2* des Lehrbuchs u.a. die notwendigen sprachliche Mittel für die mündliche und schriftliche Auseinandersetzung mit ihren Tagesrhythmus kennen, beherrschen und eigenständig anwenden. Das Lehrwerk fokussiert hierbei vor allem das Schreiben als Erwerbsstrategie. Im Bereich des Schreibens formulier der Lehrplan, dass die Schüler „Sachverhalte aus ihrer Erfahrungswelt strukturiert, formal und sprachlich richtig verfassen (können)"[4]. Für die Klassenstufe 5/6 sollen den Schülern dabei dargereichte Mustervorlagen helfen, eigene sowie einfache Ausarbeitungen zu gestalten.[5]

Des Weiteren fördert und festigt die Unterrichtsstunde die Entwicklung von Lernerkompetenzen. Im Sinne des Lehrplans[6] werden die Schüler angeleitet, erlernten Methoden für die Erarbeitung des Unterrichtsgegenstands zu nutzen. Im Vordergrund stehen hierbei vor allem die selbstständige Arbeit mit Wörterverzeichnis sowie das strukturierte Umwälzen des neuen Wortschatzes in Form einer Mind-Map.

---

[1] Vgl. SMK(a) 2004, 5.
[2] Vgl. SMK(a) 2004, 11f.
[3] Vgl. ebd, 10/14.
[4] Ebd. , 7.
[5] Vgl. ebd. 7.
[6] Vgl. ebd., 9.

3. Unterrichtszusammenhang

Aufgrund der Arbeit mit dem Lehrwerk *Englisch G21* Ausgabe *D1*, werden die Schüler in jeder Unit gleichzeitig mit Inhalten und Zielen aus verschiedenen Lernbereichen des Lehrplans konfrontiert. Die *Unit 2* vermittelt dabei nützliche Sprachmittel und Kenntnisse über das unmittelbare Alltägliche Leben. Angefangen mit den vier Wänden in denen jeder Schüler lebt, werden auch besonders wichtige Themen wie Tagesabläufe und Familienmitglieder sowie Haustiere behandelt. Eine gute Verknüpfung der einzelnen Themen wird dabei durch die Integration in die Lebenswelt der Kinder und Familien in Bristol geschaffen. Jedoch fördert vor allem in dieser Unit die Einschränkung dieser imaginären Lebenswelten zugunsten der Einbeziehung von realen Schülerwelten, die intrinsische Motivation und die Lernfortschritten seitens der Lernenden[7].

Die Reihenfolge der Themen dieser Unit baut aufeinander auf und ist durch die häufige Verwendung des Lehrbuches als Lernhilfe seitens der Schüler auch kaum veränderbar. So beginnt die *Unit 2* des Lehrwerkes mit dem Thema *House* und geht, nach der ausführlichen Bearbeitung von Haus- und Raumgestaltungen, über in das tägliche Leben der Schüler.

Die hier entworfene Unterrichtsstunde *„My Daily Routine"* fügt sich demnach als erste Stunde nach dem Thema *House* an, das mit der Fertigstellung und Vorstellung des *„My Dream House"* endete. Der Übergang gestaltet sich teilweise durch die Frage nach dem alltäglichen Gebrauch der Räume und der daran anschließenden Einordnung in den Alltag eines jeden Schülers. Die Lernenden sollen über ihren eigenen Tagesrhythmus berichten. Um die Kommunikationsfähigkeit der Schüler weiter voranzutreiben, schließt sich in der folgenden Stunde die grammatische Auseinandersetzung mit der Besonderheit der 3. Person Singular im *simple present* an.

Die geplante Unterrichtsstunde ist wie folgt im Gesamtzusammenhang eingebettet:

1) vorangegangene Stunde: *My Dream House*
   - inhaltlicher Schwerpunkt: Vorstellung des Traumhauses
   - linguistischer Schwerpunkt: produktive Fertigkeiten, insbesondere Sprechen (mündliche Präsentation des eigenen Traumhauses mit Hilfe einer abgewandelten Form des *Stationenlernens*)

---

[7] Vgl. Ur, 185.

6

2) geplante Stunde: *My Daily Routine*
- inhaltlicher Schwerpunkt: Planung und erste Ausarbeitung eines Tagesrhythmus durch die Nutzung eigener erlernter Methodenkompetenz (Mind-Map, Wörterverzeichnis des Lehrbuchs)
- linguistischer Schwerpunkt: Vorbereitung auf die eigenständige Verwendung der produktiven Fertigkeiten Schreiben mit Hilfe rezeptiver Fertigkeiten (Lesen und insbesondere Hören) → geleitetes kreatives Schreiben
3) nachfolgende Stunde: *A Day in the Life of...*
- inhaltlicher Schwerpunkt: Tagesrhythmus eines Klassenkameraden beschreiben mit Hilfe der erstellten Mind-Map und gegebener Satzphrasen
- linguistischer Schwerpunkt: Grammatik – *simple present*, 3. Person Singular

4. Sachanalyse

4.1 Struktur und Inhalt des Textes

Der in der Unterrichtsstunde eingesetzte Text „*My Daily Routine*"[8], der sowohl als Stimuli der rezeptiven sowie produktiven Fähigkeiten der Schüler genutzt wird, wurde selbständig entworfen auf Grundlage gegebener Lehrbuchtexte und dem Bildungsstand der Schüler. Fokussiert wurde dabei der Alltag der Lehrerin. Die Darstellung einzelner Aspekte von der Lebenswelt der Lehrerin soll dabei einerseits einen stärken Bezug zur Wirklichkeit und andererseits eine schnelleren Verknüpfung mit der eigenen Lebenswelt der Schüler bewirken.[9]

Äußerlich ist der Text nicht gegliedert, inhaltlich wird jedoch der Tagesablauf strukturiert mit Hilfe der einzelnen Tageszeiten. Durch die vorangegangene visuelle sowie mündliche Vorbereitung auf den Text, ist bei den Schülern ein sachliches Vorwissen vorhanden. Die verständniserleichternde Auseinandersetzung mit dem Text ist somit gegeben.

4.2 Grammatik

Hauptthema der hier beschriebenen Unterrichtsstunde ist die Vorbereitung auf das selbstständige Schreiben eines eigenen Tagesablaufs eines jeden Schülers, wobei der zu bearbeitende Text eine exemplarische Vorgabe eines solchen kreativen Schreibens ist. Es

---

[8] Siehe Anhang: M7, 40.
[9] Vgl. Ur, 185.

muss somit gewährleistet sein, dass jeder Schüler schnellen Zugang zu der Darstellung der Inhalte der Texte findet. Der Text verwendet somit ausschließlich das *simple present* in der Ich-Variante. Diese Zeitform ist den Schülern am vertrautesten und birgt die wenigsten Schwierigkeiten in der eigenen Umsetzung.

Die Sätze sind kurz und wenig komplex. Die verwendeten Konnektoren sind den Schülern bekannt. Die zeitlichen Konnektoren, wie *in the morning – in the afternoon – in the evening*, sind den Schülern vor allem rezeptiv bekannt, werden in der beschriebenen Unterrichtsstunde jedoch besonders im produktiven Sinne fokussiert, da diese auch in der *Unit 2* des Buches als Vokabel neuwertig eingeführt werden.

4.3 Wortschatz

Zu Gunsten des Verstehensprozesses wurde im Text darauf geachtet, ausschließlich bekannte Wörter im Umgang mit dem neuen Vokabular zu verwenden. Als unbekannte Wörter werden laut Vokabelverzeichnis folgende Wortschatzelemente angenommen[10]:

Substantive:

tooth [tu:θ]	*pl.* teeth [ti:θ]	*Zahn*
plan	[plæn]	*Plan*
essay (about, on)	['eseɪ]	*Aufsatz (über)*
life [laɪf]	*pl.* lives [laɪvz]	*Leben*
hand	[hænd]	*Hand*
bus	[bʌs]	*Bus*

Verben:

(to) sleep	[sli:p]	*schlafen*
(to) read	[ri:d]	*lesen*
(to) get dressed	[‚get 'drest]	*sich anziehen*

Adjektive:

easy	['i:zi]	*leicht, einfach*

---

[10] Siehe Anhang: M8, 41.

Wendungen:

I clean my teeth.	[kli:n] [ti:θ]	*Ich putze mir die Zähne.*
I wash my face.	[wɒʃ]	*Ich wasche mir das Gesicht.*
in the morning	['mɔ:nɪŋ]	*morgens, am Morgen*
in the afternoon	[ˌɑ:ftə'nu:n]	*nachmittags, am Nachmittag*
in the evening	[ˌi:vnɪŋ]	*abends, am Abend*
I get up at …	[ˌget 'up]	*ich stehe um … auf*

Weiteres:

every	['evri]	*jeder, jede, jedes*
early	[ˌɜ:li]	*früh*

Alle neuen Wörter können zusammen eingeführt werden, da sie in den Themenkreis „*My Daily Routine*" hinein gehören. Die einzigsten Ausnahmen bilden die Worte *plan* und *essay*, die getrennt eingeführt werden müssen.

4.3.1 Probleme des Wortschatzes

Probleme mit dem Wortschatz können sich seitens des Lerners unterschiedlich zeigen. Für den neu zu erlernenden Wortschatz dieser Unterrichtsstunde lassen sich folgende Schwierigkeiten darlegen:

1) Verständnisschwierigkeiten

Bei dem überwiegenden Teil der neu einzuführenden Vokabeln sind keine Verständnisschwierigkeiten zu erwarten. Einerseits weisen einige Worte Ähnlichkeiten mit dem Deutschen auf (z.B. *wash, hand, bus*), andererseits wurden einige Vokabeln (z.B. *life, easy, read*) schon mit Hilfe der konstanten Verwendung durch die Lehrerin verinnerlicht, wenn auch nur rezeptiv. Positive Transfermöglichkeiten zwischen Ausgangs- und Fremdsprache sowie die Übernahme von Wörtern in den produktiven Wortschatz sind somit leicht möglich.

2) Ausspracheschwierigkeiten

Die Aussprache des *th*-Lauts kann für die Schüler in dem Wort *tooth* bzw. dessen Plural *teeth* einige Probleme aufwerfen. Nicht nur weil es in der englischen Sprache zwei Formen für die Aussprache dieses Lautes gibt, sondern auch weil die Realisierung, bei der die Zungenspitze zwischen den oberen und unteren Zähnen platziert wird, für das

9

deutsche Lautsystem sehr ungewöhnlich ist. Eine gemeinsame Übung mit vorangestellter Erklärung der Zungenstellung ist u.U. nötig.

Der Unterschied in der englischen Aussprache der Buchstabenkombination *ea*, wie in *early*, anders als in *read* oder *easy*, wird bei aufmerksamen Schülern für Verwirrung sorgen, da den Lernern keine offensichtliche Begründung vorliegt.

Des Weiteren führt das Verschlucken von geschriebenen Buchstaben in der englischen Sprache, wie im Wort *every*, womöglich zu einer anfänglichen Schwierigkeit der Aussprache. Bei diesem Phänomen kann der Lehrer jedoch auf bekannte Wörter wie *quiet* oder *more* verweisen.

3) Rechtschreibschwierigkeiten

Bei dem überwiegenden Teil der neuen Vokabeln ist keine Rechtschreibschwierigkeit zu erwarten. Eine Ausnahme könnten die Worte *every* sowie *early*, *easy* und *read* sein. Sowohl das in der englischen Sprache übliche Verschlucken eines Vokals (Bsp.: *every*), als auch die übliche Verbindung *ea*, die bei der Aussprache der Worte nicht zu vernehmen sind, können bei der orthografischen Realisierung zu Schwierigkeiten führen.

Weiterhin kann das Wort *afternoon* zu einer Schwierigkeit beim Schreibprozess führen, da die Lerner mit der Besonderheit der Aussprache bei der Dopplung des Buchstaben *o* als */u:/* nicht vertraut sind. Der Lehrer hat hier die Aufgabe, sofern die Schwierigkeit bei der Lernergruppe erkannt worden ist, den Unterschied zwischen dem Geschriebenen und Gesprochenen zu offenbaren.

5. Didaktische Analyse

5.1 Auswahl

5.1.1 Auswahl des thematischen Inhalts der Unterrichtsstunde

Der Unterrichtsinhalt wurde sowohl in Übereinstimmung mit den vom Lehrplan geforderten Lernzielen im Bereich Methodenkompetenz und mündlich/ schriftlich kommunikative Fertigkeit der Klasse 5 sowie mit Hilfe der gegebenen inhaltlichen Schwerpunkte der *Unit 2* des Lehrwerkes ausgewählt. Die Vermittlung von sprachlichen Mitteln für die Darstellung eines (eignen) Tagesablaufes stehen dabei im Fordergrund. Zu Gunsten eines abwechslungsreicheren Unterrichts wurde dabei die imaginäre Lehrbuchwelt durch die greifbarere und realitätsnähere Welt der Lehrerin ersetzt.

5.1.2 Auswahl der Fertigkeiten

Wie von Gower festgestellt worden ist, kommen die Grundfertigkeiten im wirklichen Leben nur integriert und äußerst selten isoliert vor[11]. In der zu beschreibenden Unterrichtsstunde werden daher die vier Fertigkeiten – Hören, Sprechen, Lesen und Schreiben – aufeinander aufbauend angewandt. Ausgehend von der Klassenstufe 5/6 kann dabei die Auffassung von Mindt als Gestaltungs-Basis verstanden werden: „Die Lernenden können nichts sprechen, was sie nicht zuvor gehört haben, sie können nichts schreiben, was sie nicht zuvor gelesen haben."[12,][13] Konzentriert wird sich dabei jedoch vor allem auf das Hör-/Sehverstehen der Kinder und auf den sich darauf aufbauenden Schreibprozess. Letzteres beschränkt sich auf Grund des Leistungsniveaus der Schüler auf eine Lückentext-Übung, welche das Schreiben der neuen Wörter übt und nachhaltig in einen kommunikativen Kontext eingliedern soll. Für die leistungsstarken Schüler wird hingegen die detaillierte Auseinandersetzung mit dem Textinhalten angestrebt, die bei der geforderten Anordnung in die richtige Reihenfolge besteht[14]. Das Leseverstehen der Schüler ist hierfür Grundvoraussetzung.

Das Sprechen bildet, wie wohl in den meisten Unterrichtseinheiten, sowohl den Rahmen der Stunde, als auch das Verbindungsstück der einzelnen Unterrichtsphasen.

---

[11] Vgl. Gower, 85f.
[12] Mindt 2007, 42.
[13] Ebd., 42 ff.
[14] Die leistungsstarken Schüler dieser Klasse besitzen die Fertigkeit, Gelesenes auch rechtschreiblich korrekt wiederzugeben bzw. sind in der Lage selbstständig diese (neuen) Worte im gegebenen Mustertext zu finden. Ein Lückentext, in dem die Schreibübung der neuen Worte im Vordergrund steht, wäre somit nicht angemessen.

11

Angewandt sind nicht nur Frage-Antwort-Momente sondern auch Schüler-Lehrer-Diskussionen.

Diese Abwechslungsvielfalt soll seitens der Schüler zu einer höheren Konzentration und Motivation führen. Des Weiteren ermöglicht die Variation eine umfangreiche Auseinandersetzung mit dem Thema eine höhere Festigungsmöglichkeit seitens der Schüler.

5.1.3 Auswahl des Textes

Das Ziel der Unterrichtsstunde ist es, das eigene kreative Schreiben der Schüler zum Thema *My Daily Routine* zu planen und vorzubereiten. Dabei ist für die Klassenstufe 5/6 laut Lehrplan die Vorgabe eines exemplarischen Textes gefordert.[15] Angelehnt an die Bedürfnisse und Vorkenntnisse der Schüler eignet sich der Text besonders für die gegebene Schülerschaft. Das verwendete Vokabular sowie die Verwendung ausschließlich des *simple present* orientiert sich an dem durchschnittlichen Niveau der Schüler. Die Länge des Textes kann somit einerseits als herausfordernd, andererseits als (leicht) bewältigbar definiert werden. Allein die unterschiedliche Auseinandersetzung mit dem Inhalt des Textes – die vom Lehrer vorgegeben wird – führt zu einem dem Alter sowie dem Können der Schüler angemessenen Unterrichtsgegenstands.

5.2 Abstufung

Die Abstufung der Unterrichtstunde erfolgt in 3 Phasen. Zunächst wird in der Einführungsphase mittels des Zuordnungsspiels das Wissen der Schüler zu den vorangegangenen Unterrichtseinheiten gefestigt und ihr Kenntnisstand aus Grundschulzeiten[16] für das neue Unterrichtsthema reaktiviert. Das Produkt des Zuordnungsspiels stellt dabei den Übergang zu der neuen Thematik dar.

In der Phase 2 steht das Hör-/Sehverstehen im Fordergrund. Der Lehrervortrag mit dem neuen Vokabular wird hierbei durch Mimik und Gestik und vorher selbst erarbeitete Bilder visualisiert und somit für den Schüler leichter zugänglich gemacht. Dabei soll die Verwendung der Lernstrategie Mind-Map verhelfen, das neue Vokabular nicht nur sprachlich sondern auch schriftlich festzuhalten und mit dem (Vor-)Wissen der Schüler logisch zu verknüpfen. Diese Unterrichtsphase kann somit nicht nur als Schulung des Hör-/Sehverstehens verstanden werden, sondern auch als Festigung einer den Schülern bekannten Lernstrategie. Des Weiteren dient diese Unterrichtsphase der Vorbereitung des

---

[15] Vgl. SMK(a) 2004, 7.
[16] Vgl. SMK(b), 5.

eigenständigen Schreibens, indem sowohl Inhalt als auch Struktur eines Mustertextes thematisiert wird.

In Phase 3 steht die Arbeit mit diesem Mustertext im Mittelpunkt des Unterrichtsgeschehens. Sie dient in Bezug auf Werner Kieweg als Ausarbeitung eines Entwurftextes.[17] Auf Grund der gegebenen Klassenstufe und dessen Wissenstands ist diese Sequenz eines ersten Entwurfs mit der schriftlichen Vervollständigung (Lückentext) des bis dato nur mündlich präsentierten Mustertextes bzw. der selbständigen Findung der richtigen Reihenfolge gleichgesetzt. Das Ergebnis dieser Textarbeit soll dabei das selbständige und kreative Schreiben der Schüler in einer der nachfolgenden Unterrichtsstunden (unter-)stützen.

5.3 Darbietung

Ziel der Unterrichtsstunde ist die Sprachaufnahme des neuen Wortschatzes, seine Einübung und Transferierung sowie die Vorbereitung der schriftlich kommunikativen Fertigkeit *Schreiben*. In Anlehnung an die von Werner Kieweg vorgestellte Gestaltung eines kreativen Schreibprozesses gliedert sich die Unterrichtsstunde in folgende 8 Abschnitte:

Inhalt	Did. Funktion	Phase im Bezug auf Hör-/ Sehverstehen	Phase im Bezug auf Schreibprozess
1. Wiederholung des Wortschatzen aus der vorhergehenden Themenkomplexes der *Unit 2*	Warm Up, Reaktivierung von Vorwissen	—	
2. Überleitung: Wissenstransfer, Darlegung der neuen Thematik,	Lead- In Einführung	**pre – Phase**	
3. Wiederholung der Lerntechnik *Mind-Map*	transition		**pre-writing**
4. Storytelling: Hör-/Sehverstehen: Erzählung durch Lehrer mit anschließender Sammlung neuen Vokabulars	Sprachaufnahme I	**while – Phase**	
	Wortschatzsammlung		
5. Hausaufgabe: Vervollständigen der Mind-Map mit eigenen Ideen	transition		**planning**

---

[17] Vgl. Kieweg 2009.

13

6. Schreibprozess: Lückentext: individuelle Bearbeitung	Sprachaufnahme II Kennenlernen von nützlichen Phrasen	post – Phase	drafting*
7. Vergleich der Aufgabe	Ergebnissicherung		editing*
8. Zusammenfassung der Arbeitsergebnisse und kurzes Feedback über das Verhalten der Schüler	closure	—	—

Abbildung 1 (*Auf Grund des Wissensstandes und Entwicklung der sprachlichen Kompetenzen der Schüler wurden die Phasen für die vorliegende Altergruppe modifiziert und angepasst.)

Wie Abbildung 1 entnommen werden kann, folgt der Aufbau der Stunde hinsichtlich des Hör-/Sehverstehens dem PIP- Modell, welches sich besonders für die Schulung rezeptiver Fertigkeiten eignet. Dabei gliedern sich diese Phasen präzise in die einzelnen Abschnitte des geleiteten kreativen Schreibprozesses ein. Durch den fließenden Übergang wird verhindert, dass der Unterricht durch eine methodische Einspurigkeit für die Schüler auf Dauer monoton wirkt.[18]

Nachfolgend einige Durchführungshinweise zu den einzelnen Unterrichtsabschnitten (in Anlehnung an Abb.1), wobei sowohl die Benennung gewählter Medien und Arbeitsformen als auch der geschulten Fertigkeiten erfolgt:

Zu Unterrichtsabschnitt 1:

Die Wiederholung des Wortschatzes des vorangegangen Themenkomplex geschieht auf schülermotivierende Weise mittels eines Spiels, welches in Partnerarbeit durchgeführt wird. Während dieser Phase müssen die Schüler den Fragen und Bildern auf ihrem Arbeitsblatt die entsprechenden Antworten bzw. Worte zuordnen. Letztere befinden sich auf Kärtchen, welche in einem Umschlag für jedes Schülerpaar vorbereitet sind. Wenn alle Kärtchen richtig zugeordnet sind, entsteht auf der Rückseite die Illustration einer alltäglichen Aktivität. Diese Bilder, welche in den Partnerarbeiten entstehen, kommen insgesamt zweimal vor; die einzige Ausnahme ist Bild 7[19]. Das erlernte Wissen der vorhergehenden Unterrichtsstunden dient somit als Verbindungsstück zu der kommenden Thematik, indem die Produkte des Spiels Hinweise für den Schwerpunkt der dargestellten und folgenden Unterrichtsstunden offenbart.

---

[18] Vgl. Doff / Klippel, 83.
[19] Siehe Anhang: Bilder der *Aufwärm*- Übung – M3, 36.

In der Unterrichtseinheit wird häufig differenziert gearbeitet, wobei vor allem die gesonderte Förderung der leistungsschwachen Schüler im Mittelpunkt stand. Im Sinne einer Gleichberechtigung aller Schüler erhalten somit die leistungsstärksten Schüler[20] in diesem Unterrichtsabschnitt eine schwierigere Version der gleichen Aufgabe[21]. Diese Übung spricht in besonderer Weise die visuellen und kinästhetischen Lerntypen an und fördert auch das Sozialverhalten der Schüler, sowie ihre Kooperation untereinander.[22]

Zu Unterrichtsabschnitt 2:

Durch die in Unterrichtsabschnitt 1 entstandenen Bilder, welche die Schüler nun durch hochhalten der gesamten Klasse zugänglich machen, entsteht ein fließender Übergang. Durch gezielte Fragen der Lehrkraft sowie den visuellen Stimulus entdecken die Schüler selbst den neuen Themenkomplex[23]. Anschließend fasst die Lehrkraft die von den Schülern gemachten, themenrelevanten Äußerungen zusammen. Dadurch wird den Schülern der Gegenstand der folgenden Stunden sowie der Stundenverlauf des gegenwärtigen Unterrichtsgeschehens eröffnet.

Zu Unterrichtsabschnitt 3:

Hier entwickeln die Schüler – innerhalb eines lehrergelenkten Unterrichtsgesprächs – ein Verständnis für die Fülle an (Vor-)Wissen, dass für die erfolgreiche Bearbeitung der Thematik *My Daily Routine* erforderlich ist. Mit Hilfe ihres Kenntnisstandes über Lerntechniken, erfragt der Lehrer eine geeignete Methode, um ausreichend Ideen und Wissen strukturiert festzuhalten und miteinander zu verknüpfen. Die bekannte Lerntechnik Mind-Map wird ermittelt, welche die Kinder schon als Basis der Gestaltung und Präsentation ihres Traumhauses verwendet haben. Wichtige Anwendungshinsweise werden von der Lehrkraft noch einmal an der Tafel visualisiert. Das eigene Wissen der Schüler wird somit vorteilhaft in diesen Unterrichtsabschnitt einbringen, sodass ein vertrauensvolles Verhältnis zur Lehrkraft und den eigenen Fähigkeiten gefördert wird.[24]

---

[20] In der Klassenraumaufteilung im Anhang ist der Tisch der leistungsstarken Schüler grau hervorgehoben.
[21] Siehe Anhang: *Aufwärm*-Übung – M2 , 34f.
[22] Vgl. Haß, 22.
[23] Vgl. ebd., 190.
[24] Vgl. Haß 2006, 190.

15

Zu Unterrichtsabschnitt 4:

Auf Grundlage der gewählten Lerntechnik sollen die Schüler nun gemeinsam mit ihrem Partner die selbsterstellten Bilder in die vom Lehrer vorbereitete Mind-Map einfügen. Wie von Mindt beschrieben, sind Bilder besonders in den ersten Lernjahren ein Mittel zur Semantisierung neuer Wörter. Des Weiteren fördern sie die Sprachfähigkeit der Kinder in der Zielsprache und ermöglichen eine Stundenarbeit ohne Lehrbuch.[25] Die relativ knapp berechnete Zeit soll dabei eine engagierte sowie aufmerksame Bewältigung gegebener Aufgaben unterstützen. Auch soll die Leistungsbereitschaft der Schüler geübt werden. Das laute Abzählen der letzten 10 Sekunden der Bearbeitungszeit verhilft dabei einer konstanten Anstrengung seitens der Schüler bis zum Ende. Des Weiteren hat sich vor allem in dieser Klasse gezeigt, dass diese Maßnahme positive Rückwirkung hat. Sowohl eine eigene Disziplinierung zu Ruhe und Aufmerksamkeit, als auch ein höheres Interesse für die nächsten Unterrichtsschritte, lassen sich bei den meisten Schülern beobachten. Darauf folgend dürfen die Schüler selbst einschätzen, inwiefern die Einordnung der Bilder und somit des neuen Vokabulars, als passend definiert werden kann. Mit dieser Handhabung wird die Urteilskraft der Schüler angesprochen und verhindert, dass alltägliche Geflogenheiten einzelner Schüler übergangen werden. Da die Schüler die englischen Bezeichnungen der dargestellten Alltagstätigkeiten nach der Progression des Lehrwerkes[26] nicht kennen dürften, hinterfragt die Lehrerin im nächsten Schritt diese Annahme. Wenn einzelnen Schülern eine englische Bezeichnung bekannt ist, dürfen diese ihr Wissen an der Tafel verschriftlichen, mit Hilfe der Lehrkraft. Nachfolgend sollen die Schüler, im ersten Kontakt mit einer mündlichen Darstellung eines Tagesablaufs, die restlichen englischen Bezeichnungen für die (fehlenden) Bilder hören und aus eigenem Ermessen schriftlich festhalten. Auch wenn diese Reihenfolge scheinbar nicht den Aufführungen von Doff/Klippel folgt[27], da das Schreiben der neuen Worte dem Hörverstehen folgt, muss hier angemerkt werden, dass ohne eine feste Aufgabenstellung, die gegebene Schülerschaft nicht kontinuierlich der Erzählung der Lehrerin folgen würde. Das schriftliche Festhalten der neuen Worte im Schülerheft ist somit notwendig. Es gilt gleichzeitig als Indiz einer kontinuierlichen Aufmerksamkeitsspanne seitens der Schüler. Die Lehrerin betont jedoch, dass zu diesem Zeitpunkt das Hörverstehen und nicht die orthografische Richtigkeit im Fordergrund steht. Letzteres wird nach Beendigung der Erzählung gemeinsam zusammengetragen. Bevor die richtigen Ergebnisse an

---

[25] Vgl. Mindt 1995, 249.
[26] Vgl. 4.3 Wortschatz.
[27] Vgl. Doff/Klippel, 52f.

der Tafel, unter der jeweiligen Illustration, von der Lehrkraft festgehalten werden, üben die Schüler gemeinsam mit der Lehrerin die Aussprache der Worte mittels Wiederholung. Danach werden die Schüler gebeten das neue Wort korrekt in ihr Helft, neben dem eigenen Versuch, aufzuschreiben. Die Einführung des neuen Vokabulars folgt somit doch den Hinweisen von Doff/Klippel. Der Hörtext dient somit der kreativen Einführung des neuen Vokabulars als auch der Darstellung notwendiger Informationen, die in einem eigenen Tagesablauf vorkommen müssen.

Zu Unterrichtsabschnitt 5:

Die Schüler notieren sich ihre Hausaufgaben. Die besprochene Lerntechnik Mind-Map soll dabei eigenständig und ideenreich umgesetzt werden. Auf Grundlage der vorgestellten Mind-Map an der Tafel, die in gleicher Weise im Lehrbuch zu finden ist, sind die Schüler dazu aufgefordert, die Darstellung zu Hause zu vervollständigen. Die Integrierung der neuen Wörter ist dabei Pflicht. Die Schüler werden des Weiteren darauf aufmerksam gemacht, dass diese Hausaufgabe die Planung für die eigenständige Ausarbeitung eines Tagesablaufs darstellt. Die Notwendigkeit der Hausaufgabe für den weiteren Verlauf soll mit dieser Darlegung verdeutlicht, eine gute und konsequente Mitarbeit bestärkt werden.

Zu Unterrichtsabschnitt 6:

In diesem Abschnitt werden die Schüler mit der schriftlichen Version des täglichen Lebens der Lehrerin vertraut gemacht. Diese soll als eine Art Entwurf bzw. Vorlage für die kommenden eigenen Textversuche dienen. Auf Grund der Leistungsbereitschaft und -niveaus der Schüler unterscheidet sich dieser nur minimal von der mündlichen Präsentation, welche mit Mimik und Gestik visuell verstärkt worden ist. Die anstehende Textarbeit unterscheidet sich des Weiteren im angebotenen Schwierigkeitsgrad. D.h., mit Hilfe von Differenzierung werden alle Schüler, gerecht ihren Leistungen, angesprochen und somit eine motivierte und aufmerksame Bearbeitung der Aufgabe ermöglicht. Dabei wird den Schülern mit durchschnittlicher Leistung die Aufgabenstellung als erstes eröffnet und danach gesichert, dass ein jeder Schüler sie verstanden hat. Anschließend wird gemeinsam überlegt und mündlich festgehalten, wie eine solche Aufgabe bestmöglich bearbeitet werden kann und auf welche Schwierigkeiten die Schüler zu achten haben. Die leistungsstarken Schüler können sich hierbei für den Rest der Klasse gewinnbringend mit einbringen. Die eigentliche Bearbeitung des Textes erfolgt erst nach dem Austeilen der Arbeitsblätter. Die Aufgabenblätter für die besten Schüler werden als letztes ausgeteilt und mit besonderer

Sorgfalt noch einmal separat besprochen. Innerhalb des zeitlichen Rahmens für die Textbearbeitung arbeiten die Schüler in diesem Unterrichtsabschnitt in Einzelarbeit. Der Lehrer steht für Rückfragen bereit und sorgt für Ruhe. Bei Vokabelfragen verweist der Lehrer zunächst auf die auf das Wörterverzeichnis des Lehrbuchs, da die Schüler den Umgang mit eben diesen lernen müssen. Nach ungefähr der Hälfte der Zeit weist der Lehrer die Schüler auf die noch verbleibende Arbeitszeit hin.

Zu Unterrichtsabschnitt 7:

Der Vergleich der Aufgabe erfolgt im Plenum. Dabei werden die ausgefüllten Arbeitsblätter mit dem Sitznachbarn getauscht. Auf Grund der damit verbundenen Verantwortung für den Lernprozess eines anderen Menschen soll das gegenseitige Vertrauen der Schülerschaft und die Partnerarbeit gefördert werden. Je nachdem, wie konzentriert oder unruhig die Schüler sind, entscheidet der Lehrer situationsangemessen, ob die Schüler sich ausschließlich melden sollen oder aufstehen müssen (TPR) um die Richtigkeit eines Satzes zu bestätigen. Es wird so sichergestellt, dass die gesamte Zeit alle Schüler aufmerksam mitarbeiten und dem Unterrichtsgeschehen folgen. Eine bessere Ergebnissicherung wird gewährleistet.

Zu Unterrichtsabschnitt 8:

Der letzte Unterrichtsabschnitt dient der Zusammenfassung der gesamten Stunde. Sowohl der Inhalt als auch die Mitarbeit und Arbeitsleistung der Schüler wird kurz beschrieben. Je nach eigentlichem Verlauf der Stunde werden die Schüler gelobt oder ihnen Feedback für die Arbeit in den weiteren Stunden gegeben. Wenn noch Unterrichtszeit verbleibt, entscheidet die Lehrkraft spontan, ob eine ausführliche Rückkopplung zu der Stunde passiert – auch aus Schülerperspektive – oder ob die Schüler schon einmal genauere Einblicke in ihren eigenen Tagesablauf geben dürfen, in Form eines Unterrichtsgespräches.

Die Stunde folgt dem Prinzip der funktionalen Einsprachigkeit. Deutsch wird ausschließlich in begründeten Einzelfällen zur Verständnissicherung, der Reflexion oder als Metasprache verwendet. Des Weiteren achtet die Lehrkraft auf Disziplin und Ordnung im Klassenzimmer.

6. Lernziele

6.1 Grobziele

- Die Schüler festigen den Wortschatz zum Themenkomplex *house*.
- Die Schüler erweitern ihr Methodenrepertoire und üben die Anwendung von der Lerntechnik *mind map*.
- Die Schüler können den Unterrichtsgesprächen folgen und können gemäß dem Lehrplan Hör-/ Sehtexte mit weitgehend bekanntem Sprachmaterial in langsamem bis normalem Sprechtempo verstehen.[28]
- Die Schüler können sich zunehmend besser über einen längeren Zeitraum konzentrieren.

6.2 Feinziele

- Die Schüler zeigen, dass sie die Informationen über den Themenkomplex *house* in den Vorstunden richtig verstanden haben, indem sie Fragen und die dazugehörigen Antworten zuordnen können.
- Die Schüler zeigen, dass sie die Lerntechnik *mind map* beherrschen, indem sie den Verwendungszweck sowie die notwendige Schrittfolge mündlich zusammentragen und selbstständig anwenden können (Hausaufgabe).
- Die Schüler zeigen, dass sie einer mündlichen Erzählung folgen können, indem sie dem Lehrervortrag konzentriert folgen.
- Die Schüler können die neuen Vokabeln korrekt aussprechen.
- Die Schüler zeigen, dass sie die Bedeutung der neuen Vokabeln verstanden haben, indem das Wort dem korrekten Bild zuordnen.
- Die Schüler weisen das Verständnis der neuen Vokabeln nach, indem sie einen vorgegebenen Lückentext korrekt ergänzen.
- Die Schüler können den Text phonetisch und intonatorisch korrekt vorlesen.

---

[28] Vgl. SMK(a) 2004: 7.

7. Literaturverzeichnis

Doff, Sabine & Friederike Klippel: *Englisch Didaktik: Praxishandbuch für die Sekundarstufe I und II*, Cornelson, Berlin, 2007.

Gower, Roger et al.: *Teaching Practice: A handbook for teachers in training,* Oxford: Macmillan, 2009.

Haß, Frank. (Hrsg.): *Fachdidaktik Englisch: Tradition / Innovation / Praxis*, Klett-Verlag, Stuttgart, 2006.

Kieweg, Werner. (2009). Schreibprozesse gestalten, Schreibkompetenz entwickeln. In: Der fremdsprachliche Unterricht Englisch., H.97, 2009, S. 2-8.

Mindt, Dieter/ Schlüter, Norbert: *Ergebnisorientierter Englischunterricht. Für die Klasse 3 und 4*, Cornelsen Scriptor, Berlin, 2007.

Mindt, Dieter.: *Unterrichtsplanung Englisch für die Sekundarstufe I.*, Klett-Verlag, Stuttgart, 1995.

SMK(a) (Hrsg.): *Lehrplan Mittelschule Englisch,* Auflage von 2004, Dresden: Saxoprint, unter: http://www.sachsen-macht-schule.de/apps/lehrplandb/downloads/lehrplaene/ blp_ms_englisch.pdf

SMK(b) (Hrsg.): *Lehrplan Grundschule Englisch*, Auflage von 2004 Dresden: Saxoprint, unter: http://www.sachsen-macht-schule.de/apps/lehrplandb/downloads/lehrplaene/ blp_gs_englisch.pdf

Ur; Penny: *A Course in Language Teaching: Practice and Theory*, Cambridge University Press, Camebridge (u.a.), 2008.

Bildquellen für *Aufwärm-* Übung [Stand:20.06.2012]

Cupboard: < www.vector-images.de/clipart.php?id=3272>

Cage: <www.arthursclipart.org/animalhomes/homes/bird%20cage%202.gif>

Mirror: <http://www.fotosearch.de/CSP905/k9054503/>

8. Verlaufsplanung

Schule: Mustermann-Schule (Mittelschule)

Klasse: 5b

Topic/ Context	My Daily Routine
Content	• Revision of important words about the topic's vocabulary: human and animal houses, rooms, furniture and pets • Introduction to "My daily routine" via pictures • Mind-map for collecting and ordering student's ideas (homework) • Worksheet to combine and consolidate the written form of the new words and phrases with the practised oral version
Aims	• The students can match questions and answers concerning the topic's vocabulary: human and animal houses, rooms, furniture, and pets. • The students can create a connection between the information they hear and the pictures they see (information transfer). • The students can attentively listen to a story they are being told. • The students can use a mind map as a strategy to facilitate their learning strategy. • The students can understand the new words and elicit its German meaning via miming and pictures (information transfer). • The students can integrate the new words and phrase into a given text that is similar to the communicative context the students were exposed to.

Time	Did. Function	Procedure	Interaction	Mat. / Media	Anticipated Problems	Comments/ Classroom Management
-	greeting	T: *Welcome to today's lesson. I wish you all a good afternoon.* Ss: *Good afternoon Ms Bahls.* T: *Sit down, please.*	T – S			Seating order rearranged before lesson → *pupils used to i* (**Klassenraum-aufteilung – M1**)
		Lead- In				
8min	Lead- In/ Introduction of 1st lexical items/ Pre-writing I	T: *In the last weeks we learned about each other's home. We learned how your own rooms and the homes for your pets look. You can see all your dream-houses on the pin board.* (T points to the pin board on the right-hand side.) *We learned about the different rooms in a house or flat, too. Who can name some rooms?* Ss answer. T: *Yes, you are right. In a house, you can find a kitchen, a bathroom, a bedroom and a living room. Let's see what else you remembered from the last weeks. On your desk, you can find this worksheet.* (T demonstrates.) *You need this worksheet for a game. You play it together with your partner.* (T divides class into two-headed groups, except for one three-headed group.) *There are a lot of questions and a few pictures on the worksheet. The answers and names of the things you see on the pictures are in these envelopes.*	T – S	worksheet, envelopes with pieces of paper, (*Aufwärm-Übung- M2*)	differentiation: for the best students in class there is a more demanding version of the same game → *concerned pupils highlighted in dark grey* (**Klassenraum-aufteilung – M1**)	students find the grid for the game and the envelopes on their desks

23

Time	Stage	Procedure	Interaction	Materials	Anticipated	Teacher notes
		(T points to an envelope.) *You have to put the right answer for every question onto the right space or you have to put the right word for every picture onto the right space.* (T demonstrates.) *You see a picture if you answered every question correct. [Name of S], can you say in German, please, what you have to do?* S repeats task. T: *Exactly. You have got 4 minutes to do the task.* ------- time for task ------- T: *Time is up. There is a picture, if you answered all questions correctly. Can everybody see a picture?* If some Ss did not put the coloured side up (as it was demonstrated from T), T will tell them to turn around the little pieces. Ss get two minutes to glue the pieces onto their given worksheet.	S – S	glue sticks	some Ss will need longer to finish task → other Ss can start to glue pieces onto worksheets → these Ss will be asked to think of the lesson's topic until all Ss are ready some Ss will not have their glue stick with them → T will hand out glue sticks from school kept in the cupboard	T will inform the class when half of the time is over and encourage them to concentrate on the tasks T will count down the last 10 seconds
	Pre- Stage					
3min	Introduction/ Pre-listening/ Pre-writing I	T: *Please, hold up the pictures. What can you see?* S (suggested answers): *Jemand der sich Zähne putzt. Auf dem einen Bild spielen zwei Kinder miteinander. Da isst eine Familie zusammen. Das mache ich jeden Tag.*	T – S	pictures **(Bilder der Aufwärm-Übung- M3)**	Ss probably answer in German → when they asked correctly it is accepted (May I speak in German?)	

		T: The pictures show activities we do every day. We do them on Monday, Tuesday, Wednesday and so on. Please, put the pictures back on your desks. (T mimes action.) What do you think could be the topic of our next lessons? (T looks at those Ss that finished their Warm-Up-activity very fast. →extra task) Ss (suggested answers): *We talk about things we can do in our dream-house. / We talk about our day. / Wir reden über die Dinge die wir jeden Tag machen.* *T: Correct. We will talk and write about your days. I am very excited about your days. Today, we start with finding new words that you can use when you talk or write about your day. We will get to know an example text for your daily routine, too. It will be a lot of new things you will get to know today. That's why you have to listen and concentrate very well.*		one word answers → T encourage Ss to answer in a full sentence
5min	Transition/ Repeating function of learning technique mind-map	*T: What do you think, you need to talk and write about your day?* Ss (suggested answers): *We need to learn new words. / I need my day-actions. / Ich muss nachschauen, was ich jeden Tag so mache. / Worte sammeln.* *T: Correct. First, we need to find lots of words you can use to talk*	T – S	

and write about your day. That is what we do today. We need to collect words. The word 'collect' you got to know with a special learning technique. Do you remember the name? Ss remember the new learning strategy: mind map.		
T: Yes, we use a mind map to collect all words you need to talk and write about your day. Some words you already know. Some words are new. Look at the blackboard. I created a mind map by myself. (T opens blackboard.) We work with this mind-map for the next lessons. You can fill the mind map with your own ideas. But before we start, let's repeat the function of a mind map. Who knows why and how do we use a mind-map? (T highlights question words orally and points to the words on the left-hand side of the blackboard.)	blackboard (**Tafelbild 1– M4**)	Ss have problems to pronounce the word collect → T will practise with whole class
Ss (suggested answers): We need mind maps to collect words. / Wir können unsere Ideen ordnen. (T writes catchwords on left-hand side of blackboard.)		
T: Correct. Now, we know why we use mind-maps. But how do we use a mind-map. Do we fill the mind-map just with words? Do we use a special way? Look at our mind map. (T points to the blackboard.) Ss (suggested answers): Wir ordnen Wörtern andere Wörter zu. /		Ss will probably answer in German → accepted by T when they asked for it correctly ('May I speak in German?')

		In- Stage			
		Wir haben Hauptwörtern, denen wir andere Wörter zuordnen. (T writes catchwords on left-hand side of blackboard.)			
10 min	While – listening/ Pre-writing II	T: *Wow. You remembered the learning strategy ‚mind-map' very well. I think we can fill in our mind map. Let's start with the pictures in front of you. Together with your partner you have to find out where to put the picture. Do you do it in the morning, in the afternoon or in the evening? Who knows the German meaning of these three phrases?* (T points to them on the blackboard.) Ss answer. T: *Correct. I give you and your partner 30 seconds to find the right place for your picture. Please, just one partner goes in front and puts the picture on the blackboard. When you are ready sit down and look if your classmates did everything right. [Name of S], can you repeat the task please?* S repeats task. Ss can start with the task afterwards. ------------------- time for task ------------------- T: *Time is up. Look at the blackboard and our mind-map. Do you think all pictures are on the right place?*	T – S S – S T – S	blackboard, magnets, pictures of Warm-Up activity **(Tafelbild 2- M5)**	Ss do not remember the German meaning of 'in the afternoon' and 'in the evening' (known receptive) → T will try to link the words with 'in the morning' turmoil → T has to point out Ss have to work quickly and that they were not asked to talk with the other Ss except with their partner	T will count down the last ten seconds

27

	Ss nod perhaps. Possibly, some Ss would put a picture in a different place because of their home practise (T will make clear that there can be differences that can vary from S to S).	
	T: Alright. Who knows an English translation for an activity that you can see on the pictures?	
	If a S knows the right translation for any activity that is shown at the picture, T will practise the word orally together with the class. (Ss need to repeat the word.) If none S knows a word, T will start to tell her own daily routine. Ss task is to find out the new English words/phrases for the activities.	Some Ss use different English word(s) to describe the activities → *T praises them and encourages them to enlarge their vocabulary with the following new words*
Getting to know new words	*T: Ok. Then, I tell you about a day in my life. You have to listen very carefully. You need to find out the English words for these pictures.* (T points to the pictures)*[Name of S], when I tell you about a day in my life, what do you have to do?*	
	S repeats task.	
	T: Correct. Please, open your folders. Write down today's date and the headline. (T points to headline written down on the blackboard.) *Now, I tell you about a day in my life. Your task is to find out the*	

				T has to make sure that nothing on the Ss' desk is disturbing their attention
		English words for the activities from our mind-map. You have to listen carefully and you have to write down the English words. Use the numbers of every picture to write down the right English word for it. (T points to the numbers of every word.) *Don't mind mistakes. Write the word down like you heard it.* (T mimes the different actions.) *Who knows what you have to do now?*		
	Practise new words orally and in written form	S repeats task. Afterwards, T will start telling them about her daily routine. (Text nearly identical with the text on the worksheets. T adds details to the story like miming) T: *That is a day in my life. Let's see if you listened well. Please, put away your fountain pens or pencils. Look at the front. Who knows the English word for picture no. 1?* (T will write the English word under the relating picture when it was said by one S. T asks Ss to repeat the words and to correct their written versions afterwards.) Same procedure with the following pictures.		

Post- Stage

3min	Transition/	T: *Well done, everybody. Now, it is your turn. What do you do on a normal day? Tell me about your day.* (Ss can tell some specifics	T – S	Some Ss feel ignored if T does not pick

29

	Setting of homework (Planning writing process)	about their day.) T: *I want you to write down all your ideas in this mind-map. It is your homework. Please, take your diary. Write down that you have to fill in this mind-map. You find this mind-map on page 38. Copy it in your folder and fill it with your ideas and the new words as well. You need this homework to write about your day in the next lessons.*			*them → T has to make clear that they can talk about their daily routine by presenting their homework next lesson*
11min	Post-listening/ Drafting of 'My Daily Routine'	T: *Now, we will look at a text. This text you can use as an example when you will write an own text in the next lessons. It is about my day. It is the same text you listened to.* (T demonstrates worksheet.) *I have not the same task for everyone. Listen well because I tell you the task before I give it to the right pupils. First, I forget to write all the new words in the text. You have to fill in the gaps with the words in the box.* (T demonstrates.) *[Name of S], can you repeat your task again?* S repeats task. T: *You are right. You have to fill in the text. What did we learn when we work with a text? What do you have to do to finish this task correctly?* Ss (suggested answers): *We have to read and understand the sentences. / Before we fill in the gaps we have to read the sentences*	T – S S	worksheet (**Arbeits-blatt – M6**)		*some Ss feel at a loss because they don't know how to perform the task well → T will discuss possible ways to complete the task*

30

and understand the sentence.

T: *That are very good ideas. But before you start reading the text, make sure you know all the words in the box. Use your vocabulary list in your book if you do not know a word. Then, read the text. You do not have to understand every word. But remember it is about one day in my life.* (T points to herself.) *When you have a sentence with a gap, find keywords that help you to fill in the gaps. For example, what words do you connect with 'get up'?*

Ss (suggested answers): *In the morning. / Das ist das Erste, was ich am Tag mache.*

T: *Correct. Look for those words. Than look at the words in the box and find the right word. Use a pencil. I hand out the the worksheets now. You have 7 minutes to do the task.*
-------------------- time for task --------------------
(Best Ss get a more demanding version that will be explained to them when the rest of the class starts the task.)

T: *Time is up.* (T will make sure that Ss are ready. Otherwise, Ss get one more minute.) *Please, put away your pencils. Give your worksheet to your neighbour.* (There is a group with three Ss.) *Take a coloured pencil. We will read the text together. You have to stand*

		differentiation: for the best students in class there is a more demanding version of the task → *concerned pupils/ desks highlighted in dark grey* **(Klassenraumaufteilung – M1)**
		S will start asking questions but they will be told by the T to use their dictionaries

T will count down the last 10 seconds

5min	Editing/ Comparison of results	S – S – (T)

31

-		*up if the sentence you heard is right. You have to stand up, if you think the sentence is right. Then, make a tick, if your partner has written down the correct word. If your partner wrote down the wrong word, correct it. Let's start reading.* T chooses always for one sentence one S to read it out load. The choice of Ss is variously.		*turmoil → T enforces discipline and only continues the lesson once all students are quiet*
Plan B	In case there is time left, T spontaneously decides whether to a) Orally discuss differences to the Ss' daily routine b) give feedback on the pupils' behavior throughout the lesson c) ask the students for feedback on the lesson	T – S or S	
-	Closure	T: Today, you worked really hard. Thank you. Remember your homework until the next lesson. I am excited to listen to your days. Have a nice day and good bye.	T	
-	Plan C	In case there is not enough time left a) T has a transparency ready with the right solution for the text based task(s)	T – S – (S)	Transparency **(Folie – M7)**

9. Anhang

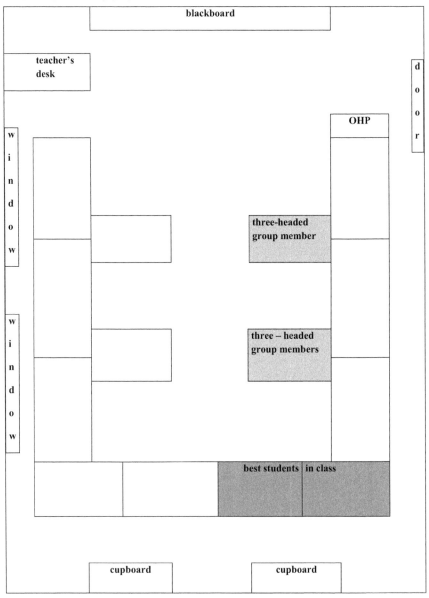

Aufwärm – Übung (M2)

a) Standard

Fragen

What is the name of the room you sleep in?	What do you do in the kitchen?	What is a name of a home for people?
What is the English word for *Wanduhr*?	What is the plural form of *shelf*?	
What is the opposite of *upstairs*?	Where do you find a sofa and a television?	What is a tortoise?
How do you say *Kater* in English?	Where do you wash your face in the morning?	

Antworten[29]

flat	cooking	bedroom
wardrobe	shelves	clock
Schildkröte	living room	downstairs
cage	bathroom	tom-cat

---

[29] Auf der Rückseite der Antworten befindet sich jeweils ein Ausschnitt der besagten Bilder, die zusammengeführt ein Bild ergeben. Die Illustrationen befinden sich auf der folgenden Seite.

b) Anspruchsvollere Version

Fragen

What is plural form of *mouse*?	In which room can you find a *fridge*?	What is the name of the room under the roof?
	What is the name of a table you do your homework on?	
How is the bed of a dog or cat called?	What is a different word for *front door*?	In which room do you eat your meals?
What are desks, chairs, wardrobes and beds?	Where do rabbits live as a pet?	What is the name for a *watch on the wall*?
Where can you play soccer at home?	How can you decorate your room?	What is the English word for *Sessel*?

Antworten[30]

attic	kitchen	mice
cage	desk	mirror
dining room	entrance	basket
clock	hutch	furniture
armchair	posters	garden

---

[30] Auf der Rückseite der Antworten befindet sich jeweils ein Ausschnitt der besagten Bilder, die zusammengeführt ein Bild ergeben. Die Illustrationen befinden sich auf der folgenden Seite.

Tafelbild 1 (M4)

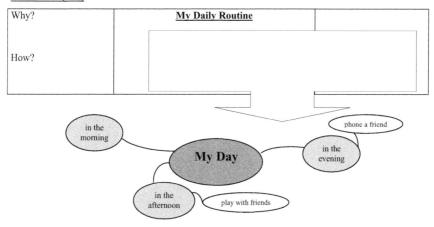

Tafelbild 2[31] (M5)

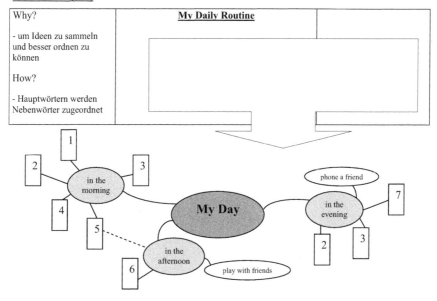

---

[31] Die Anordnung der Bilder innerhalb der Mind-Map nur einer Vermutung. In der Durchführung der Unterrichtsstunde kann es zu Änderung kommen, da die Schüler möglicherweise andere Ansichten haben. Da (bis auf Bild 7) alle Bilder doppelt vorkommen, kann es dazu führen, dass manche Bilder übereinander in die Mind-Map eingeordnet werden; andere können zweimal auftauchen, da diese Bilder Aktivitäten zeigen die auch am Tag mehrfach durchgeführt werden.

a) Standard[32]

Date:

TASK:
Complete the text. Use the words from the box.

- get up – get dressed -
clean my teeth- in the evening -
go to sleep - in the afternoon –
-read – early – hands – have breakfast

My Daily Routine

All my days start very _____. I _____ at

6.30 every morning. First I make my bed. Then I go to the

bathroom. I _____ and wash my face and

_____. When I am ready, I love to have

breakfast. I always eat a bowl of cereals *(Schüssel mit*

Cornflakes) and drink a glass of orange juice *(Orangensaft).*

When I am ready, I _____. Now I can go to

university by bus. In university, my favourite subject is

English. I like to _____ English books in my breaks. I

_____ together with friends at 1 o'clock.

University ends at 3.15 _____. When I am

home, I do my homework and listen to music. I have dinner at

7.30 _____. Before I _____,

I read a book or call a friend.

---

[32] Das Format des Arbeitsblattes wurde zu Gunsten der Formatierung dieser Arbeit verändert, jedoch nicht der Inhalt und Design.

b) Anspruchsvollere Version[33]

> **Task:**
>
> Bring the sentences <u>from the envelope</u> into the right order.
>
> Use the sentences on the worksheet for help.
>
> Do not glue the sentences on the worksheet.

Date:

1.

2.

3.   First I make my bed.

4.   Then I go to the bathroom.

5.

6.

7.   I always eat a bowl of cereals *(Schüssel mit Cornflakes)* and

     drink a glass of orange juice *(Orangensaft)*.

8.

9.

10. In university my favourite subject is English.

11.

12.

13.

14.

15. I have dinner at 7.30 in the evening.

16.

---

[33] Das Format des Arbeitsblattes wurde zu Gunsten der Formatierung dieser Arbeit verändert, jedoch nicht der Inhalt und Design.

My Daily Routine

All my days start very early. I get up at 6.30 every morning. First I make my bed. Then I go to the bathroom. I clean my teeth and wash my face and hands. When I am ready, I love to have breakfast. I always eat a bowl of cereals and drink a glass of orange juice. When I am ready, I get dressed. Now I can go to university by bus. In university, my favourite subject is English. I like to read English books in my breaks. I have lunch together with friends at 1 o'clock. University ends at 3.15 in the afternoon. When I am home, I do my homework and listen to music. I have dinner at 7.30 in the evening. Before I go to sleep, I read a book or call a friend.

BEI GRIN MACHT SICH IHR WISSEN BEZAHLT

- Wir veröffentlichen Ihre Hausarbeit,
  Bachelor- und Masterarbeit

- Ihr eigenes eBook und Buch -
  weltweit in allen wichtigen Shops

- Verdienen Sie an jedem Verkauf

Jetzt bei www.GRIN.com hochladen
und kostenlos publizieren